W9-ANF-448

Kk

Maria Puchol

Abdo
EL ABECEDARIO
Kids

abdopublishing.com

Published by Abdo Kids, a division of ABDO, PO Box 398166, Minneapolis, Minnesota 55439.
Copyright © 2018 by Abdo Consulting Group, Inc. International copyrights reserved in all countries.
No part of this book may be reproduced in any form without written permission from the publisher.

Printed in the United States of America, North Mankato, Minnesota.

102017

012018

THIS BOOK CONTAINS
RECYCLED MATERIALS

Photo Credits: iStock, Shutterstock

Production Contributors: Teddy Borth, Jennie Forsberg, Grace Hansen

Design Contributors: Christina Doffing, Candice Keimig, Dorothy Toth

Publisher's Cataloging in Publication Data

Names: Puchol, Maria, author.

Title: Kk / by Maria Puchol.

Description: Minneapolis, Minnesota : Abdo Kids, 2018. | Series: El abecedario |
        Includes online resource and index.

Identifiers: LCCN 2017941878 | ISBN 9781532103100 (lib.bdg.) | ISBN 9781532103704 (ebook)

Subjects: LCSH: Alphabet--Juvenile literature. | Spanish language materials--Juvenile literature. |
        Language arts--Juvenile literature.

Classification: DDC 461.1--dc23

LC record available at https://lccn.loc.gov/2017941878

Contenido

La Kk

A **K**arina le encantan los **k**iwis.

La Kk

El abuelo de Ismael es
de Pa**k**istán.

La Kk

¿Qué estado está en el centro de Estados Unidos, **K**entucky o **K**ansas?

La Kk

Ellos van en un **k**aya**k**.

La Kk

Un **k**oala macho puede pesar entre 4 y 9 **k**ilogramos.

La Kk

Claudio hace **kárate** desde los cuatro años.

La Kk

Kuwait tiene 500 **kilómetros** de costa.

La Kk

Su familia sueña con hacer un safari en **K**enia.

La Kk

¿Cuál es la capital de Japón?

(To**k**io)

Más palabras con **Kk**

Korea

kimono

ketchup

kart

Glosario

kárate
forma de lucha japonesa. La prenda
para hacer kárate se llama kimono.

kilómetro
medida del sistema métrico, sirve
para medir longitud y distancias.

Índice

abdokids.com

¡Usa este código para entrar en abdokids.com y tener acceso a juegos, arte, videos y mucho más!

Código Abdo Kids:
EAK2998